SPOT THE DIFFERENCE

Book for kids

It's time to play!

Find the differences in more than 100 funny and crazy illustrations! At the end of the book you will find the solutions.

Let's Start!

FIND
5
DIFFERENCES

FIND
5
DIFFERENCES

FIND
5
DIFFERENCES

FIND
5
DIFFERENCES

FIND
5
DIFFERENCES

FIND
5
DIFFERENCES

FIND
5
DIFFERENCES

FIND
5
DIFFERENCES

FIND
5
DIFFERENCES

FIND
5
DIFFERENCES

FIND
5
DIFFERENCES

FIND
5
DIFFERENCES

FIND
5
DIFFERENCES

FIND
5
DIFFERENCES

FIND
5
DIFFERENCES

FIND
5
DIFFERENCES

FIND
5
DIFFERENCES

FIND
5
DIFFERENCES

FIND
10
DIFFERENCES

FIND
10
DIFFERENCES

FIND
10
DIFFERENCES

FIND
10
DIFFERENCES

FIND
6
DIFFERENCES

FIND
6
DIFFERENCES

FIND
6
DIFFERENCES

FIND
10
DIFFERENCES

FIND
10
DIFFERENCES

FIND
10
DIFFERENCES

FIND
10
DIFFERENCES

**FIND
10
DIFFERENCES**

FIND
10
DIFFERENCES

FIND
6
DIFFERENCES

FIND
5
DIFFERENCES

FIND
5
DIFFERENCES

FIND
5
DIFFERENCES

FIND
5
DIFFERENCES

FIND
5
DIFFERENCES

FIND
5
DIFFERENCES

FIND
5
DIFFERENCES

FIND
5
DIFFERENCES

FIND
5
DIFFERENCES

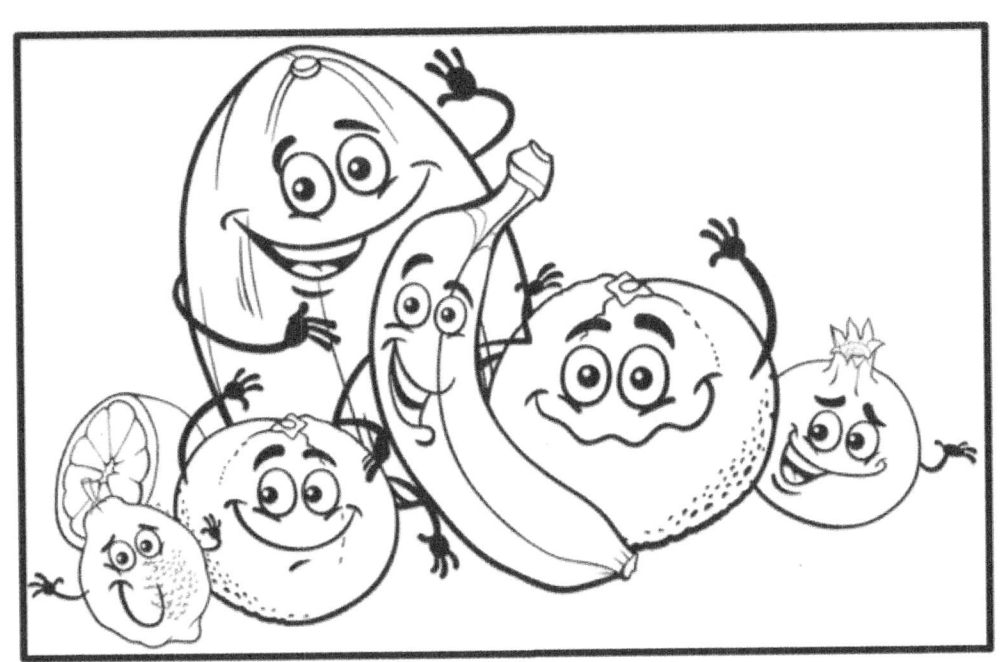

FIND
5
DIFFERENCES

FIND
5
DIFFERENCES

**FIND
6
DIFFERENCES**

FIND
6
DIFFERENCES

FIND
6
DIFFERENCES

FIND
6
DIFFERENCES

FIND
6
DIFFERENCES

FIND
6
DIFFERENCES

FIND
6
DIFFERENCES

FIND
7
DIFFERENCES

**FIND
7
DIFFERENCES**

FIND
7
DIFFERENCES

FIND
7
DIFFERENCES

FIND
7
DIFFERENCES

FIND
7
DIFFERENCES

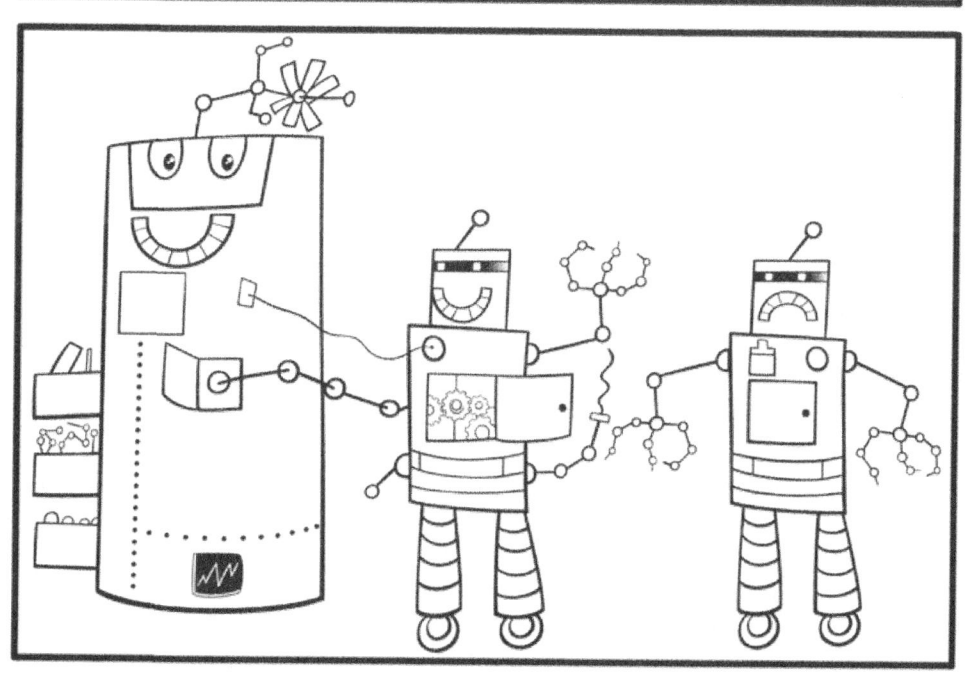

FIND
7
DIFFERENCES

FIND
7
DIFFERENCES

FIND
6
DIFFERENCES

FIND
6
DIFFERENCES

FIND
7
DIFFERENCES

FIND
7
DIFFERENCES

FIND
7
DIFFERENCES

FIND
7
DIFFERENCES

FIND
7
DIFFERENCES

FIND
7
DIFFERENCES

FIND
7
DIFFERENCES

FIND
7
DIFFERENCES

FIND
7
DIFFERENCE

FIND
7
DIFFERENCES

FIND
7
DIFFERENCES

FIND
7
DIFFERENCES

FIND
5
DIFFERENCES

FIND
5
DIFFERENCES

FIND
5
DIFFERENCES

FIND
5
DIFFERENCES

FIND
5
DIFFERENCES

FIND
6
DIFFERENCES

FIND
6
DIFFERENCES

FIND
5
DIFFERENCES

FIND
5
DIFFERENCES

FIND
5
DIFFERENCES

FIND
6
DIFFERENCES

FIND
6
DIFFERENCES

FIND
6
DIFFERENCES

FIND
6
DIFFERENCES

FIND
6
DIFFERENCES

FIND
6
DIFFERENCES

FIND
6
DIFFERENCES

**FIND
6
DIFFERENCES**

FIND
6
DIFFERENCES

FIND
6
DIFFERENCES

FIND
6
DIFFERENCES

FIND
6
DIFFERENCES

FIND
6
DIFFERENCES

FIND
6
DIFFERENCES

FIND
6
DIFFERENCES

FIND
6
DIFFERENCES

FIND
6
DIFFERENCES

FIND
6
DIFFERENCES

FIND
6
DIFFERENCES

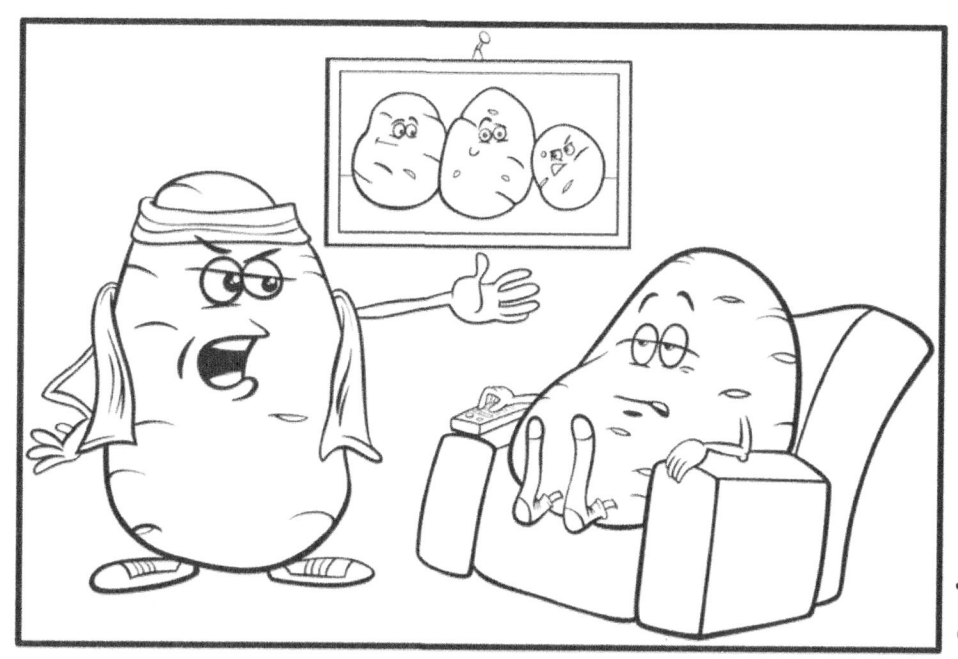

FIND
6
DIFFERENCES

FIND
7
DIFFERENCES

FIND
7
DIFFERENCES

SOLUTIONS

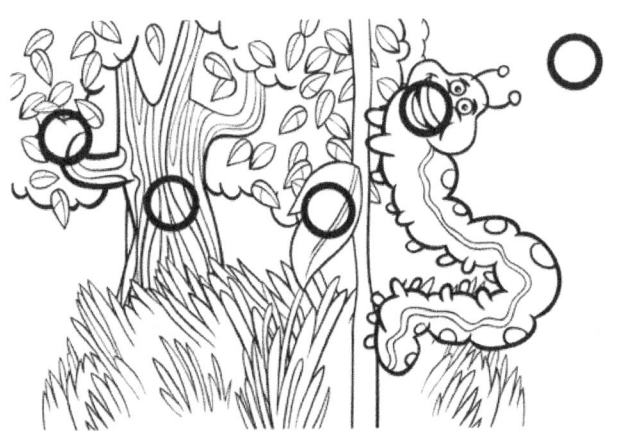

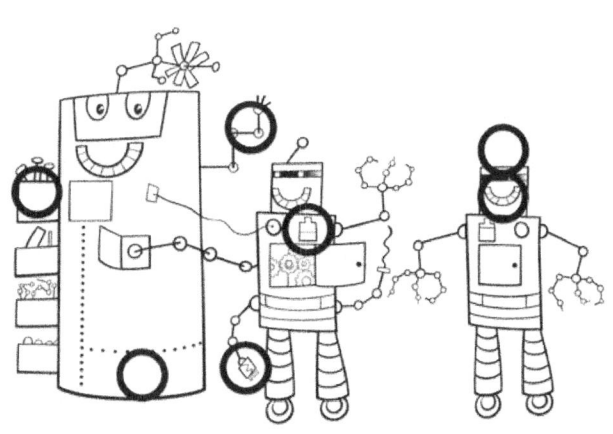

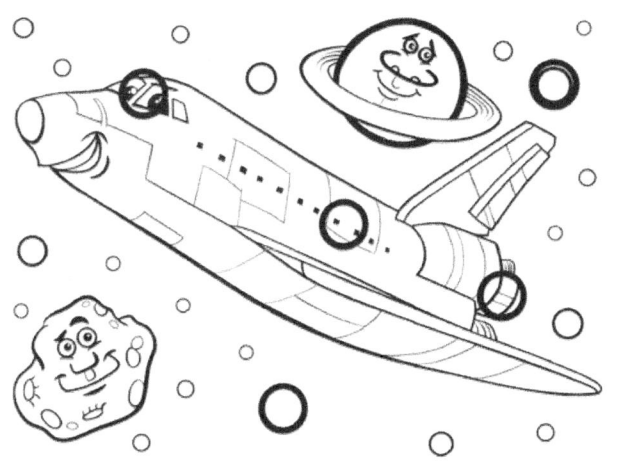
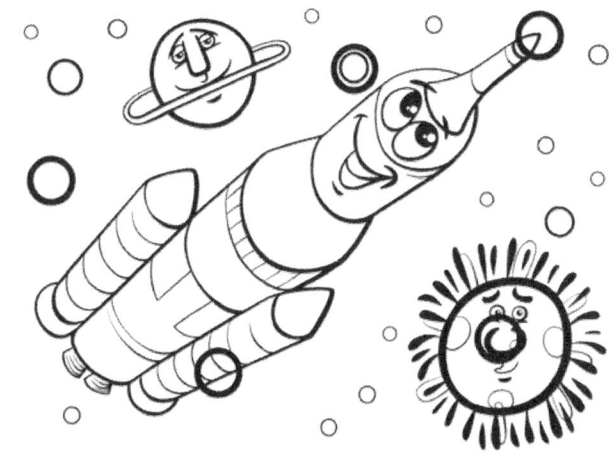

Here's a *free gift* for you!
Just to thank you for purchasing this book.

Scan the QR-Code and download your FREE GIFT

HAPPY KOALA
PUBLISHING

WE HOPE YOU HAD A LOT OF FUN PLAYING WITH THIS BOOK.
IF SO, PLEASE LET US KNOW BY LEAVING YOUR BEST REVIEW ON AMAZON!

HAPPY KOALA
PUBLISHING

Made in the USA
Monee, IL
16 January 2023

25389340R00077